Rumo ao Êxito

Tasso Assunção

Rumo ao Êxito

Aurybooks

©Tasso Assunção - tasso.ma@gmail.com

Todos os direitos reservados e protegidos pela
Lei Federal Nº 9.610, de 19-2-1998.

Sem a prévia autorização do autor, nenhuma parte desta publicação poderá ser reproduzida ou transmitida, sejam quais forem os meios empregados.

• **Revisão: Edmilson Sanches**

• **Fotos/imagens: pxhere** (*public domain*)

Sumário

Apresentação 3
    Aprender a ser próspero 3
    Atrair prosperidade 4
    Transformação interior 5
Introdução 7
1 Conhecimento libertador 9
    Três tipos de educação 100
    Sistema educacional deficiente 112
2 A importância da Educação Financeira 15
    Investimento no êxito 16
    Você merece mais 17
    Criados para a riqueza 18
3 O poder da Educação Financeira 19
    O poder do conhecimento 20
    Rápidas transformações 21
4 Planejamento financeiro 223
    Registrar receitas e despesas 24
    Controle orçamentário 26
5 A necessidade de um fundo de reserva 27
    Definir prioridades 28
6 A eficácia dos sonhos e metas 31
    Aprender sempre 322
    Mapas da independência financeira 33
    Foco no objetivo 334
    Experiência revigorante 35

Atrair bons resultados 36
7 Os caminhos da prosperidade 37
Construir o hábito da perseverança 38
Discernimento e autocrítica 400
8 Sabotando-se a si mesmo 43
Tendência ao comodismo 44
Processos de autossabotagem 45
9 A conspiração dos ricos 47
Fiéis cordeiros do sistema 48
Uma perspectiva mais ampla 49
10 Os quadrantes do fluxo de caixa 511
Capacidades e debilidades 53
Controlar o fluxo de caixa 54
Cultivar o hábito da leitura 54
11 Rumo ao êxito 557
Pés na terra, olhar no céu 58
Ilustrar-se com as cores dos sonhos 58
Visualização da meta almejada 59
Conclusão 61

Apresentação

A todos interessa alcançar a prosperidade econômica que lhes permita viver tranquilamente, mas o fato é que a maior parte das pessoas, sobretudo aquela afeitas às inquietações existenciais, em geral não costumam se dedicar a contento à construção do bom êxito financeiro.

De qualquer forma, não se pode negar que o suprimento das necessidades materiais é tão necessário quanto a realização espiritual, de modo que a economia constitui aspecto decisivo da existência física e deve ser gerida de forma correta e devidamente integrada à vida cotidiana.

No entanto, apesar da inegável relevância do aspecto econômico da sobrevivência, persistem bastante disseminadas crenças errôneas sobre a obtenção de riqueza, tais como as de que se deve a fatores aleatórios como a aptidão inata, a origem familiar ou a sorte.

Aprender a ser próspero

Na realidade, são evidentemente múltiplos os fatores e diversos deles podem exercer determinada influência, mas não são, por si sós, decisivos, já que a verdade é que, como quase tudo o que realmente vale a pena, a prosperidade se consegue aprendendo-se a ser próspero.

Isto é, embora eventualmente a sorte e o talento possam ser bastante úteis, considerada objetivamente, a senda que leva à independência financeira se relaciona diretamente com a qualidade dos conhecimentos dessa área que podemos ir assimilando ao longo do tempo.

Afinal, a dimensão econômica não é essencialmente diferente das demais esferas da vivência humana, ou seja, se um indivíduo é bom escritor, por exemplo, não é meramente em virtude de talento ou sorte, mas porque se dedicou a adquirir a bagagem cultural e a técnica apropriadas.

Enfim, se realmente almejamos a prosperidade, temos de aprender a ser prósperos. Contudo, a Educação Financeira somente agora começa a integrar a grade curricular das escolas, de maneira que a grande maioria nada ou quase nada sabe sobre essa importante temática.

Atrair prosperidade

Ante essa lamentável realidade, o primeiro passo em direção à prosperidade é o reconhecimento da própria ignorância a respeito dessa questão, tomar consciência do pouco conhecimento que temos de economia e admitir o quão desastroso é tentar andar de bicicleta sem ter aprendido.

Esclarecido esse ponto, compete-nos partir para a ação e começar a estudar sobre Educação Financeira imediatamente, a começar pela leitura – e releitura – de boas obras sobre o assunto, claro, das mais simples para as mais aprofundadas, até assimilar o volume de saber necessário.

Aliás, a leitura de livros, como este, não somente é a melhor maneira de aprender como é igualmente um dos mais eficazes métodos de atrair prosperidade, ao compartilhar da experiência de muitas pessoas que já trilharam os caminhos da consecução de elevado patamar econômico.

Para tanto, basta visitar ou acessar quaisquer das boas livrarias, onde se podem encontrar diversas obras voltadas para a educação financeira, produzidas por pessoas que possuem conhecimento, experiência e boas ideias para oferecer a quem se interessa por esse ramo do saber.

Transformação interior

Além de ser um meio de se ter acesso a valiosas informações acumuladas por diferentes pessoas ao longo da história, a leitura de livros sobre Educação Financeira propicia um benefício extra de fundamental importância, que é o de produzir uma significativa transformação interior.

Essa mudança é de essencial relevância porque, embora se saiba que, além de liberdade e tranquilidade, a prosperidade proporciona a possibilidade de grandes realizações, a grande maioria dos indivíduos foi condicionada a uma relação negativa com a riqueza, associada ao pecado.

Dessa forma, o simples fato de se dedicar a estudar Educação Financeira se revela muito positivo porque gera uma profunda transformação em nossa perspectiva da riqueza, já que, ao aprender como obtê-la de modo honesto e justo, estamos assumindo uma postura amorosa em relação a ela.

Ou seja, empenhar-se por estudar como melhorar nossa situação econômica é uma ótima maneira tanto de demonstrar amor e respeito pela prosperidade como de se familiarizar com seus princípios básicos – e demonstrar amor e respeito por algo é a melhor forma de atraí-lo à nossa vida.

Portanto, mãos à obra!

Introdução

O atual sistema educacional nos fornece uma formação escolar e universitária que não se pode recusar, já que nos proporciona muitas informações que em algum momento da vida nos serão úteis.

No entanto, não obtemos na escola o tipo de educação que realmente nos dará as armas necessárias para enfrentar a vida após concluídos os estudos – a Educação Financeira.

Lamentavelmente, o sistema de ensino tradicional somente nos prepara para nos tornarmos empregados, para trocar o nosso tempo por dinheiro, isto é, para trabalhar para outras pessoas, para donos de negócios que utilizam nossos conhecimentos e habilidades para enriquecer e alcançar liberdade financeira, enquanto nós permanecemos eternos escravos do salário.

O pior é que atualmente existem bem poucas instituições dedicadas a difundir conhecimentos sobre Educação Financeira e as que o fazem em geral enfocam a questão de um ponto de vista excessivamente técnico e complexo, de forma que muitas vezes conseguem somente nos confundir ainda mais, motivo pelo qual essa instrução depende unicamente de nós mesmos.

1

Conhecimento libertador

Na Era Industrial, iniciada em 1492, quando Colombo descobriu a América, a fórmula do bom êxito já era a que a maior parte das pessoas ainda segue até hoje, mas de forma equivocada: frequentar a escola, empenhar-se por boas notas, ingressar em uma faculdade, conseguir um bom emprego, seguir uma carreira segura e obter uma aposentadoria tranquila.

A questão é que, atualmente, pensar que um emprego traz segurança é enganar-se a si mesmo. A verdade é que, quanto maior o avanço tecnológico, mais oportunidades surgem, porém, ao mesmo tempo, mais mudanças ocorrem, os mercados se aquecem e esfriam, as economias crescem e entram em crise e é cada vez maior e mais forte a concorrência.

Em resumo: com raras exceções, não existem mais empregos seguros. Além disso, por consequência da elevação da expectativa de vida, há cada vez mais aposentados e, por causa da expansão populacional, existem cada vez mais pensioniastas, o que quer dizer que as aposentadorias e pensões pagas pelo governo tendem a ser cada vez mais baixas.

Em outras palavras, as empresas e o governo não garantem mais o futuro de ninguém, de forma que hoje as crianças precisam de uma formação mais sofisticada, não somente em termos de mais computadores nas salas de aula ou de novos métodos de aprendizagem, mas de uma efetiva preparação para a vida pós-universidade, ou seja, para a independência financeira.

Embora as escolas já estejam incluindo em seu currículo a Educação Financeira, os estudantes ainda não aprendem nada sobre dinheiro nas salas de aula, isto é, não são preparadas para um aspecto determinante da sobrevivência num mundo competitivo e são lançadas no mercado de trabalho sem habilidade para administrar nem sequer o orçamento doméstico.

Três tipos de educação

A questão é que, para se obter êxito na Era Industrial, havia a necessidade de dois tipos de educação – a

Educação Acadêmica e a Educação Profissional –, contudo, embora instrução e emprego ainda sejam importantes, os avanços tecnológicos que conduziram à Era da Informação tornou indispensável uma nova espécie de educação – a Educação Financeira.

Veja a seguir uma breve definição de cada um dos três tipos de educação necessários na Era da Informação:

• **Educação Acadêmica**: responsável pelo desenvolvimento das habilidades de ler e interpretar textos, escrever e resolver operações matemáticas básicas;

• **Educação Profissional**: responsável pela transmissão da qualificação para o trabalho, para a sobrevivência como um membro produtivo da sociedade; e

• **Educação Financeira**: responsável pela aquisição da competência para gerir as próprias finanças, para entender como o dinheiro funciona e gera renda.

Como se vê, a Educação Financeira diz respeito à sobrevivência. Se é assim, se esse tipo de educação se relaciona diretamente com um aspecto essencial da vida, então por que não existe o ensino de princípios financeiros nas escolas? Porque é melhor para o sistema manter-nos subjugados às crenças dominantes, trabalhando como adestrados burros de carga.

O caso é que, se uma pessoa tem uma sólida Educação Financeira, não permanecerá presa à segurança de um emprego fixo; se conhece as leis tributárias, não pagará impostos desnecessários; se entende como funciona o sistema bancário, não permitirá que os bancos façam fortunas com seu dinheiro; se sabe o que é a inflação, não a aceitará passivamente.

Ao contrário, uma pessoa dotada de boa Educação Financeira, ao invés de temer dívidas, aprenderá a usá-las para acumular riqueza, já não confiará suas economias a banqueiros, operadores financeiros ou agentes imobiliários na esperança de conseguir uma aposentadoria segura – e mais: questionará o sistema educacional, seus professores e seus propósitos.

Sistema educacional deficiente

A crise financeira do nosso dia-a-dia é o reflexo de uma crise existente no sistema educacional, que é velho, obsoleto e desconectado do mundo real, e essa crise não terminará até que as escolas informem aos estudantes sobre a verdade por trás do trabalho assalariado, dos impostos e dos investimentos, até que as escolas parem de formar "macacos treinados".

Neste ponto, convém frisar que, embora se trate da questão financeira – primária –, a abrangência da educação como um todo deve ir mais adiante, já que, além de prover-lhe informação e conhecimento, deve preparar o indivíduo para a plena vivência de sua cidadania e condição de ser humano em seus diversos aspectos: sociológico, psicológico, filosófico.

Por fim, se não se instrui a população sobre como manejar dinheiro, haverá muitas pessoas muito bem educadas, trabalhadoras e honestas, mas que viverão a nutrir ressentimento contra os ricos, enquanto esperam que as empresas ou o governo se encarreguem de sua sobrevivência e suas aposentadorias, o que, como se sabe, não traz boas perspectivas a ninguém.

2

A importância da Educação Financeira

Sem a necessária Educação Financeira, a maior parte das pessoas investe alto, endivida-se e gasta boa parte de seu tempo em frequentar uma universidade para conseguir uma graduação que lhe permita ganhar mais dinheiro para poder pagar suas dívidas, mas logo descobrem que a carreira em que tanto investiram não rende o suficiente para cobrir as despesas.

Essas pessoas percebem, então, que precisam de mais dinheiro e que, para ganhar mais dinheiro, devem trabalhar mais e competir com muitas outras que se encontram em situação semelhante, de forma que lhes sobra menos tempo para si mesmas e a família, se cansam e se desgastam cada vez mais e se tornam cada vez mais estressadas, deprimidas e infelizes.

O mais grave de toda essa situação é que, apesar de todos os esforços, consciente ou inconscientemente, elas sentem que não estão evoluindo financeiramente, não se lhes apresentam reais perspectivas de melhoria da qualidade de vida – vegetam, como se diz – e, o pior, não investem um centavo em sua Educação Financeira, em construir o próprio futuro.

Investimento no êxito

Não há dúvida de que investir tempo e dinheiro em qualificação profissional é uma das melhores iniciativas que um indivíduo poder tomar por si mesmo e sua família – mas não será do mesmo modo correto investir tempo e dinheiro em aprender como desenvolver as habilidades adquiridas na escola ou faculdade de forma a convertê-las em ferramentas para o êxito financeiro?

Aquele que desperdiça as oportunidades de educar-se financeiramente não se dá conta de que a Educação Financeira é o mais importante investimento que pode fazer para se desenvolver como indivíduo e melhorar sua vida e a de sua família – e está condenando a si mesmo a trabalhar pelo resto da vida para alguém que muitas vezes não valoriza devidamente sua dedicação.

Quantas pessoas você conhece que sabe ler um balancete? Quantas fazem seu próprio balanço pessoal e o atualizam regularmente? A quantas interessa, o mínimo que seja, este assunto? Suas respostas a essas perguntas definirão seu futuro. Por isso é tão importante ao menos uma Educação Financeira básica, se lhe interessa mais que pagar dívidas e apenas sobreviver.

Você merece mais

De fato, se apenas dois por cento da população entendesse a história básica da moeda de seu país, o mundo seria diferente. Isso porque assimilar noções elementares sobre o padrão monetário da economia nacional transformará o modo como você lida com o seu dinheiro e, o mais importante, mudará a forma como você valoriza o seu tempo, cada minuto de sua vida.

Não é difícil perceber que nada é mais valioso que o nosso tempo – o nosso maior ativo – e somente uma sólida Educação Financeira lhe permitirá desfrutar o seu tempo com muito mais liberdade. Então, se o seu tempo é tão importante (é sua própria vida), por que trocá-lo por pequenas quantias que dificilmente vão lhe propiciar o que se poderia chamar de vida confortável?

Acredite, você merece muito mais. Assim, por que limitar-se a si mesmo? Não perca mais tempo, comece a educar-se financeiramente e você verá que, à medida que avança, sua vida vai melhorar. Até mesmo porque o bom êxito financeiro é, antes de mais nada, uma questão de atitude – é a sua postura ante o dinheiro que determina o quadro geral de suas finanças.

Criados para a riqueza

Neste ponto, é importante entender que a melhor parte de estar educado financeiramente não é apenas ter um melhor estilo de vida, mas ser responsável e solidário e poder compartilhar com outras pessoas o que você vai aprendendo e mostrar a elas que existe uma maneira melhor de viver – em condições mais favoráveis, com mais tempo livre e maior bem-estar.

Não se esqueça de que, mais que cuidar de si próprio, todos viemos ao mundo com uma missão. Quem sabe a sua não seja tornar-se uma luz para os que o rodeiam e ajudá-los a mudar seus paradigmas (seus padrões de pensamento) e tomar consciência de que não devemos nos resignar a uma vida de pobreza e limitações – fomos criados para viver em abundância.

Isso mesmo, fomos criados para a riqueza. É apenas uma questão de nos educarmos e adquirirmos os conhecimentos necessários. E não se pode negar que esses conhecimentos incluem a responsabilidade e as habilidades indispensáveis ao controle de finanças, implementando-se **o poder da Educação Financeira** – o único que abre caminho para o sucesso.

3

O poder da Educação Financeira

Você sabe por que é tão importante a Educação Financeira? Sabe por que os ricos se tornam cada vez mais ricos até mesmo em tempos de crise econômica? Você sabe por que empreendedores, banqueiros, investidores, enfim, as pessoas educadas financeiramente utilizam créditos financeiros disponíveis no mercado, ou seja, dívidas para enriquecer?

Ao procurar responder a essas perguntas, você descobrirá, por si mesmo, o poder da Educação Financeira. Mas, para isso, é preciso estar disposto a mudar suas prioridades e, por consequência, passar a agir de forma diferente. É preciso deixar de aceitar, às cegas, suas limitações e abandonar a crença de que deve lutar pela sobrevivência por toda a vida.

Para tanto, é preciso começar a ver o mundo de uma maneira diferente, e o primeiro passo a tomar nessa direção se encontra no caminho da educação, mas uma educação que devemos converter em conhecimento aplicado, ou seja, uma aprendizagem que seja colocada em prática, e essa é uma tática poderosa que traz resultados facilmente mensuráveis.

O poder do conhecimento

É hora de começar a estudar, aprender e praticar, constatação que parte do princípio de que é melhor ensinar uma pessoa a pescar do que dar-lhe alguns peixes, já que hoje existem, em todos os lugares, inúmeras oportunidades, mas não para aqueles que, como a maioria, conseguem ver somente a árvore em que se penduram enquanto ignoram todo o bosque.

A questão é que, no mundo sem fronteiras que vem se consolidando atualmente, caracterizado por tecnologias de baixo custo, está se consolidando definitivamente o poder do conhecimento, que revelará de modo cada vez mais evidente os riscos da ignorância e a extraordinária capacidade e potencialidade dos que se adaptarem e se educarem financeiramente.

E a chave para entrar no novo mundo que surge atualmente é a educação, mas o sistema educacional de hoje pertence ao velho mundo, ao mundo da Era Industrial, enquanto estamos já integralmente na Era da Informação. Contudo, ainda dispomos de um modelo educacional antiquado e obsoleto e, por isso mesmo, insuficiente e ineficaz.

Rápidas transformações

Lamentavelmente, apenas os conhecimentos transmitidos pelo atual sistema de ensino não nos prepara para a sobrevivência num mundo que se mantém em contínua expansão e crescente complexidade gerencial e tecnológica. Isso pela simples razão de que as escolas mudam lentamente enquanto o mundo se transforma com impressionante rapidez.

Na Era da Informação, a habilidade de continuar aprendendo durante todo o curso da vida é mais importante do que nunca. Desse fato, pode-se deduzir que somente o ensino oferecido pelas escolas e faculdades está longe de atender às necessidades impostas pela nova conjuntura socioeconômica, que exige alta flexibilidade e sólido **planejamento financeiro**.

4

Planejamento financeiro

Muita gente ainda associa a palavra "orçamento" com indecifráveis conceitos de Contabilidade, cálculos complicados e dores de cabeça com valores difíceis de conciliar, mas não se trata de nada disso. Na verdade, o termo "orçamento" pode ser definido de uma forma bem simples: registro das receitas (quantias recebidas) e despesas (valores pagos) em determinado período, assim como também o registro da diferença entre os totais dessas receitas e despesas.

O mais importante é que esse simples procedimento representa o fundamento básico de uma vida financeira equilibrada, independentemente dos rendimentos da pessoa. Não é difícil entender que sem o controle dos recebimentos e pagamentos nenhum negócio pode dar certo, mesmo quando se trata de negócios individuais ou familiares. Aliás, se você nem sequer sabe exatamente o quanto gasta a cada mês sua trajetória financeira será bem acidentada.

De qualquer forma, a maior parte das pessoas resiste a essa tarefa, não porque seja difícil de realizá-la, mas porque pressupõem que terão de abrir mão de alguns prazeres cotidianos. Elas temem deixar de tomar um lanche, beber uma cervejinha, jantar fora ou ir ao cinema, o que, em certa medida, poderá ter de ser feito, mas, se não fazem as contas, continuarão a gastar mais do que podem, sem saber ao certo o que pode ser eliminado de suas despesas.

Registrar receitas e despesas

Mas, se você resolveu começar a bem administrar seu orçamento individual ou familiar, o primeiro passo é muito simples: definir o quanto você ganha. Na maioria das vezes, essa medida dispensa cálculos, já que uma parcela considerável da população tem como receita um salário mensal. No entanto, os casados precisam somar seus rendimentos, além, é claro, de ganhos paralelos, tais como horas extras, serviços ou negócios avulsos e juros, dentre outros.

A segunda providência costuma ser um pouco mais ampla, embora seja também de fácil execução: relacionar as despesas.

A princípio, relacione os gastos fixos, a exemplo das prestações, aluguel e condomínio; depois, acrescente as despesas estáveis, aquelas cujos valores apresentam uma baixa variação entre um mês e outro, como as contas de água, energia elétrica e telefone; por fim, contabilize as demais despesas: mantimentos, diversão, publicações etc.

Para facilitar essa tarefa, que deve se repetir a cada mês, convém usar um caderno, uma folha de papel ou um aplicativo, em que se fazem anotações em duas colunas na lateral direita, uma para as receitas (entradas) e outra para as despesas (saídas), discriminando, em coluna maior na lateral esquerda, cada um dos itens correspondentes aos valores anotados. Isso vai lhe permitir fazer consultas posteriores, bem como manter melhor controle dos gastos.

Por fim, de posse de todos os dados de seu orçamento devidamente relacionados, é hora de somar o valor de cada uma das colunas e anotar o total abaixo. Então, subtraia o valor menor do maior, ou seja, calcule a diferença entre seus recebimentos e pagamentos e obtenha o seu saldo financeiro do mês. Claro, esse saldo pode ser negativo (deficitário) ou positivo (superavitário), conforme você encontre um total de despesas maior ou menor que seus rendimentos.

Controle orçamentário

Se obtiver um saldo positivo, ótimo, isso significa que você está gastando menos do que ganha; se o saldo for negativo, você terá em mãos o instrumento que vai lhe possibilitar a identificação das causas do *deficit* em suas finanças. Esse é o primeiro requisito para começar a pensar em um meio de sanar o desequilíbrio financeiro de seu orçamento, já que agora você tem uma visão tanto panorâmica (completa) quanto particular (item por item) de sua vida econômica.

A partir dessa visualização do seu orçamento, tomando conhecimento de quanto, exatamente, você gasta a mais ou a menos por mês, você vai poder fazer os ajustes necessários. De acordo com o peso do seu saldo (negativo ou positivo), esses ajustes podem se direcionar para a redução de despesas, que podem começar com pequenas mudanças de hábitos de consumo, ou para o incremento da consciência d**a necessidade de um fundo de reserva**.

5

A necessidade de um fundo de reserva

Imprevistos acontecem quando menos se espera. Portanto, é preciso estar sempre pronto para o inesperado, para alguma emergência financeira ou médica, alguma despesa extra ou, ainda, para alguma oportunidade de crescimento pessoal ou econômico – eis porque é recomendável manter um fundo de reserva, uma provisão a ser constituída com uma parcela deduzida de seus rendimentos mensais com o objetivo de formar disponibilidades para o futuro.

As emergências podem resultar da perda de um emprego, de um distúrbio grave de saúde, da necessidade de contratar algum reparo na casa ou no carro, ou, por outro lado, do surgimento de alguma ocasião propícia a um investimento favorável, dentre outras várias causas.

O certo é que, nessas situações, a última medida em que se deve pensar é a utilização de cartão de crédito ou o recurso a empréstimo, o que sempre implica alto custo e maiores dificuldades.

Quanto ao montante do fundo de reserva, os especialistas concordam em que se deve manter uma importância suficiente para cobrir as despesas básicas de, no mínimo, três meses ou, preferencialmente, seis, embora não haja, evidentemente, a necessidade de se estabelecer um teto para as economias. Em verdade, você deve definir o valor de acordo com sua condição específica, que se define pelo número de dependentes e o valor dos débitos contraídos.

Definir prioridades

Neste ponto, convém observar que não importa o quanto você ganha. Muitas pessoas alegam que ganham tão pouco que não têm como reservar uma parte que seja de seus rendimentos para o futuro. O problema é que o futuro vai chegar e, se não houver sido planejado, as dificuldades serão grandes. De fato, trata-se de uma questão de prioridade. Se você priorizar a independência financeira sobre certos gastos, vai poder economizar mais do que imagina.

Mas, é claro, o fundo de reserva não precisa ser constituído de uma só vez, por mais que essa possibilidade seja a ideal. Então, vá guardando dinheiro aos poucos. Estabeleça uma proporção razoável da sua renda para essa finalidade. Uma das formas mais práticas de levar essa ideia a efeito é por meio da abertura de uma conta poupança em que você deve depositar uma pequena quantia todo mês, ou toda semana ou quinzena, conforme seja seu fluxo de caixa.

O essencial é que você comece a desenvolver o hábito de poupar o quanto antes. E aqui convém assinalar que os depósitos devem se tornar realmente um hábito. Não importa quanto você vai destinar ao fundo de reserva a cada operação, se dez, cinquenta ou cem reais, desde que o faça regularmente. À medida que você for automatizando esse procedimento, verá que esse dinheiro não fará tanta falta assim e vai ficar tentado a elevar a importância depositada.

O melhor de tudo é que, quando a soma depositada em poupança atingir um patamar considerável, a partir de cinco ou dez mil reais, você poderá transferi-la para um investimento mais rentável. Embora você deva manter seu fundo de reserva acessível, a partir do momento em que fizer uma aplicação que renda mais juros, o seu dinheiro vai começar a "trabalhar" pra você. Neste ponto, você vai vislumbrar as potencialidades d**a eficácia dos sonhos e metas**.

6
A eficácia dos sonhos e metas

Você sabe o quanto é importante para o sucesso financeiro acalentar sonhos e definir metas? Se não, deveria reservar um pouco do seu tempo para refletir sobre a alta relevância desse aspecto da existência. Sabe por quê? Porque os grandes líderes do desenvolvimento pessoal são unânimes em afirmar que esse é um dos fatores determinantes do bom êxito.

Mas não é só. Você deve definir – por escrito – as metas que pretende alcançar pela razão evidente de que se vive muito melhor quando se tem um projeto de vida, quando se vive de forma planejada, não por acidente, deixando-se levar pelo dia-a-dia, virando-se como puder para sobreviver – uma vida com metas toma nova dimensão, ganha cor e propósito.

Além disso, o hábito de planejar o futuro é uma oportunidade de aplicar sua capacidade mental, a capacidade de imaginar e projetar. É essa capacidade humana a responsável pela construção das cidades, as descobertas científicas, a cura de doenças, o desabrochar de carreiras recompensadoras e o estabelecimentos de relações saudáveis.

Aprender sempre

É a capacidade de imaginar e projetar que cria os valores tangíveis e intangíveis (concretos e abstratos). Portanto, devemos fazer uso dessa força poderosa e, para tanto, devemos ler livros, assistir a palestras, frequentar cursos, enfim, participar de eventos que nos estimulem, ajudem-nos a despertar a criatividade e nos permitam melhorar de vida constantemente.

Empenhe-se sempre por aprender novas habilidades, adquirir novos conhecimentos, assimilar ideias novas, enfim, crescer e se desenvolver. Seu tempo é valioso, na verdade, o seu maior patrimônio. Assim, veja muito bem o que você vai fazer com ele. Tudo o que você tem hoje é o resultado de decisões passadas, do que você fez com o seu tempo passado.

Até mesmo em seu carro estacionado, você pode transformá-lo em uma "universidade sobre rodas", ao ouvir CDs instrutivos. Dessa forma, você aproveita esse tempo para fazer algo útil, em função do seu futuro, visando alcançar metas, conquistar o êxito – seja amanhã, no próximo mês, no ano seguinte ou na próxima década.

Mapas da independência financeira

Muita gente se deixa abater pelas dificuldades porque não tem metas. Não há nada "do outro lado" que as incentive a seguir lutando. Basta um dia adverso para derrotá-las, porque não enxergam nada ao final desse dia de infortúnio. Mas, se você nutre um sonho, se tem uma visão firmemente definida do que pretende alcançar, nada o desviará do seu caminho.

Nessa tarefa, que pode ser revisada a cada etapa alcançada, você deve ser específico, ou seja, definir cada meta com precisão, em detalhes, para que tenham consistência e você possa visualizá-las com clareza, a cada dia. Lembre-se: as metas são o mapa que vai guiar seus pensamentos de forma correta em direção ao objetivo da independência financeira.

Por esse mesmo motivo, também é de grande importância que você registre as razões e finalidades pelas quais pretende concretizar cada uma de suas metas. Essa medida vai dar vida a seus objetivos e fazer com que o subconsciente os absorva de forma muito melhor – somente realizamos aquilo que se incorpora de forma consistente ao nosso subconsciente.

Foco no objetivo

Bem mais que um componente ocasional da perspectiva de futuro, o propósito da liberdade financeira e as atividades que o acompanham constituem um estilo de vida. Se você desejar ser rico, deve se tornar uma pessoa que se caracteriza, fundamentalmente, pela mentalidade da riqueza e mantém sua consciência em sintonia com a melhor versão de si mesmo.

Para tanto, determine-se a orientar suas atividades pela consecução de metas estabelecidas sempre além de sua zona de comodidade. A zona de comodidade é uma área neutra, um ponto de estagnação, senão, pior, uma fase regressiva. Ao alcançar uma ou mais metas, se você falha em redefinir objetivos ainda mais elevados, você vai deixar de crescer.

Por isso mesmo, preserve uma postura permanentemente voltada para seus objetivos. Há sempre algo a fazer que o aproxime do alvo. Ainda que seja algo pequeno, abrirá o próximo passo em direção à sua meta, o qual pode permanecer invisível até que você execute a primeira ação em direção a ele. Enfim, aja conscientemente em função de seus objetivos.

Experiência revigorante

Aprender a traçar e a alcançar metas é uma experiência revigorante e transformadora. Pode mudar sua vida para sempre porque é o seu futuro que está em jogo. Dessa forma, não adie essa importante decisão. Pegue papel e caneta ou abra agora mesmo uma página no computador e registre suas metas para uma semana, um mês, um ano... enfim, a vida inteira.

Assim como o meio ambiente, o conhecimento e as circunstâncias, os sonhos e metas também afetam nossa visão de futuro, nossa perspectiva de vida. As pessoas que se deixam prender pelo passado não avançam. Claro, devemos recordar o passado, mas somente para revisá-lo e utilizar experiências e informações contidas nele em prol do futuro.

Decididamente, não é nem um pouco inteligente permitir que lembranças, eventos ou influências passadas nos arrastem de volta no tempo e nos distraia de nossas metas. Mas atenção: assim como não se deve manter-se atado ao passado, não se deve, da mesma forma, perder-se em devaneios sobre o futuro. Bem pensado, este é tão ou mais ilusório que o passado.

Atrair bons resultados

Com isso em mente, deve-se concentrar em agir no presente ao mesmo tempo em que se projeta o futuro, determinadamente, porque se formos hesitantes e não aprendermos a alcançar metas, não poderemos nos focar no propósito de ir adiante. No entanto, mantenha-se consciente de que a vida acontece, sempre, única e exclusivamente, aqui e agora.

Lembre-se de que as metas são como imãs que atraem boas ideias e bons resultados, assim como conduzem quem as alimenta em direção aos objetivos.

Se você tem metas elevadas e grandes sonhos, eles o impulsionarão a segui-los. Quanto mais fortes, maiores e mais focadas são, mais as metas o atrairão pel**os caminhos da prosperidade**.

7
Os caminhos da prosperidade

A prosperidade financeira, assim como o bom desempenho em qualquer área do desenvolvimento pessoal, supõe a observância de uma série de requisitos, tais como a autoestima, a autocrítica, o comprometimento, a motivação, a disciplina, o pragmatismo e a flexibilidade. No entanto, na base de todas essas qualidades, deve estar a perseverança.

A perseverança se define pela capacidade de se manter no caminho traçado mesmo diante de desafios aparentemente intransponíveis ou perante os mais desanimadores obstáculos. A questão é que nem sempre a conquista de metas se dá sem esforço nem de forma retilínea. Ao contrário, quase sempre os caminhos da prosperidade são sinuosos.

Convêm lembrar, antes de mais nada, que, em muitos casos, o êxito de inúmeras pessoas foi alcançado exatamente depois de momentos de grandes dificuldades ou de enormes fracassos. Contudo, elas seguiram em frente porque sabiam que é a persistência o atributo que permite a um indivíduo vencer suas limitações e sempre aprimorar habilidades.

Ao contrário do que as pessoas tendem a pensar, a história tem demonstrado que os mais notáveis vencedores quase sempre enfrentaram grandes obstáculos. No entanto, obtiveram êxito porque se levantavam a cada vez que caíam e se recusaram a se sentir derrotados por instabilidades circunstanciais – temporárias – ou por eventuais fracassos.

Assim, se às vezes você perceber que os planos não estão avançando como esperava e se sentir desmotivado, trata-se de uma reação normal. Não se esqueça, porém, que isso não deve ser um pretexto para abandonar seu projeto e se sentir um fracassado. Ao contrário, use os empecilhos para tomar novo alento e prosseguir com mais gana ainda.

Construir o hábito da perseverança

Nessas ocasiões, lembre-se de que a qualidade número um para triunfar em qualquer empreendimento é a persistência – a perseverança. A perseverança é a autodisciplina em ação, que supõe a habilidade de – baseado na firmeza de caráter e na força de vontade – fazer o que precisa ser feito, até mesmo quando você estiver pouco motivado ou não estiver predisposto a fazê-lo.

O maior desafio da autodisciplina é o desafio de persistir quando os resultados não são favoráveis. A perseverança é a grande medida do caráter humano,

a verdadeira medida da autoconfiança e da habilidade de contornar empecilhos para alcançar o êxito. E, a cada vez que você persiste diante da adversidade, está construindo o produtivo hábito da perseverança.

Além disso, ao se reafirmar pela perseverança, você estará se tornando mais forte e mais decidido e estará aprimorando a autoestima e a autoconfiança. E o melhor: estará desenvolvendo em seu interior a qualidade que é a única que o animará a seguir sempre adiante e a sobrepor-se firmemente a qualquer estorvo que apareça em seu caminho para a prosperidade.

Saiba que não há derrota para o homem que se mantém consciente de seu potencial e jamais se sente um derrotado. Não há fracasso diante do empenho determinado por alcançar o que se almeja. E a vitória se mantém sempre no horizonte daquele que persiste quando todos se rendem às dificuldades, daquele que segue adiante quando os demais desistem.

Acredite: essas afirmações não expressam mero entusiasmo. Através da história, abalizados pensadores têm refletido sobre essa questão e chegado à conclusão de que a adversidade é a prova pela qual se tem que passar para conquistar algo que valha a pena. E é assim que milhares de pessoas estão rompendo as barreiras que as separavam da vitória.

De fato, suas melhores qualidades são postas à prova quando você se depara com grandes desafios. Portanto, responda a eles positivamente. Não permita que nada o detenha, não aceite limites ao que você acredita que pode fazer. Se você se defronta com momentos difíceis, descubra como transformá-los em oportunidades, em multiplicadores de energia.

Discernimento e autocrítica

Mas veja bem: embora consista na habilidade de continuar fazendo o que decidiu fazer sem se importar com o que digam os outros, quando não se pauta pela correta definição dos objetivos e o comprometimento com resultados, bem como pelo bom senso, a perseverança pode se tornar mera teimosia egocêntrica de quem apenas não quer dar o braço a torcer.

Por isso, é preciso cultivar também a capacidade do discernimento, aliada à autocrítica e à modéstia, para refletir e rever seus propósitos, não se deixar levar pela ganância e a prepotência e saber identificar o momento em que a desistência e a mudança de rota forem realmente a melhor decisão. Caso contrário, você poderá estar **sabotando-se a si mesmo**.

8

Sabotando-se a si mesmo

A ideia de sabotar-se a si mesmo pode até parecer ridícula, mas é o que muitas pessoas têm feito, quando não de forma sistemática, por longo período, ao menos em um momento ou outro de suas vidas, recorrendo, por exemplo, à procrastinação, ao hábito de subestimar as próprias capacidades ou à fixação de objetivos mais ou menos irrealistas.

Soa estranho e até difícil compreender, mas, ao nos propormos algum objetivo pessoal, social ou profissional, como praticar exercícios físicos, iniciar um relacionamento amoroso ou desenvolver um novo trabalho, o fato é que não precisamos que ninguém nos estorve o caminho, já que somos mais aptos a fazê-lo que qualquer outra pessoa.

Não se trata, claro, de algo que se faça conscientemente, por não desejar obter êxito ou conseguir o que se propõe, mas de atitudes motivadas pelo medo, pela resistência a sair da zona de conforto ou às vezes pela indefinição quanto ao objetivo, quando não se sabe se realmente se quer alcançá-lo ou se foi estabelecido por pressão social.

Tendência ao comodismo

Ocorre que os seres humanos têm uma forte tendência a optar pelas situações mais fáceis e cômodas, o que, aliás, é perfeitamente compreensível, de modo que, embora alguém se determine a mudar algum aspecto de sua vida, acaba por preferir se manter no que já faz e conhece, por julgá-lo mais seguro que uma nova realidade, embora promissora.

Assim, a maioria permanecerá num mau emprego, por exemplo, por mais desfavorável que seja, porque ao menos já o conhece e sabe o que esperar dele, ao passo que qualquer alternativa costuma se afigurar incerta e pode resultar desconfortável se mover na direção da mudança, a menos que a nova posição se apresente menos angustiosa.

Nesse contexto, mesmo depois de elaborar um minucioso plano, muitos nem sequer começam a trabalhar por seus objetivos. Outros, embora se lancem com entusiasmo à consecução de uma ou mais metas, cumpridas as primeiras etapas, começam a ceder a velhos hábitos, a motivação começa a se debilitar e as desculpas predominam.

Processos de autossabotagem

Neste ponto, entram em ação processos inconscientes de autossabotagem movidos por crenças e sentimentos que "puxam" as pessoas para baixo, os quais se relacionam com diversos tipos de medo e mitos sobre a economia, a própria profissão, a competência pessoal e a espiritualidade, dentre outros que nos predispõem ao desânimo e ao fracasso.

Em relação ao dinheiro, sobretudo, a cultura popular pode nos levar a associá-lo a pensamentos negativos, tais como os que dizem que dinheiro é sujo, corrompe as pessoas, atrai falsos amigos, causa inveja, só se ganha por meios desonestos, expõe-

-nos a riscos de assaltos, enfim, que o dinheiro é o próprio veículo do mal, esquecendo-se de que é sobretudo instrumento do bem.

Ao introjetar essas crenças e os sentimentos de que se acompanham, por mais que deseje riqueza e o conforto que ela proporciona, ainda que subconscientemente você vai agir de forma a se afastar do dinheiro, como um meio de autoproteção contra seus supostos aspectos negativos, e é aí que tem início o paralisante processo de autossabotagem.

Nessa situação, o indivíduo se deixa levar por mecanismos inconscientes que se manifestam de forma sutil, muitas vezes imperceptível, a respeito dos quais é preciso ficar atento para trazê-los à tona e dissolvê-los à luz da compreensão de que são sabotadores de sua independência financeira e podem ter origem, em verdade, n**a conspiração dos ricos**.

9

A conspiração dos ricos

É o amor ao dinheiro a raiz de todos os males? Ou é a ignorância do que nele está implicado? O que aprendemos na escola sobre o dinheiro? Por que os sistemas educacionais não nos instruem sobre essa questão? Será a falta de Educação Financeira nas escolas um simples descuido dos educadores? Ou essa insuficiência faz parte de uma grande conspiração?

O fato é que, independentemente da condição social, do grau de instrução ou da faixa etária – se rico ou pobre, trabalhador ou aposentado, graduado ou ignorante –, todos precisamos dispor de dinheiro; gostemos ou não, o dinheiro exerce um significativo papel em nosso cotidiano. Portanto, já não se justifica a omissão dessa temática no sistema educacional.

Em matéria de finanças, em geral as escolas ainda se limitam a ensinar aos estudantes como fazer cálculos aritméticos, a poupar em uma instituição financeira ou a investir em um plano de previdência. Ou seja, orientam-nos a confiar seu dinheiro aos ricos, que teriam as melhores intenções em contribuir com o planejamento da vida financeira dos cidadãos.

Fiéis cordeiros do sistema

No entanto, segundo o investidor e escritor Robert Kiyosaki, em seu livro *A conspiração dos ricos*, as deficiências do atual modelo educativo representam uma conspiração – histórica conspiração dos ricos que se estende desde um passado distante e ainda se prolongará por longo tempo, com o intuito de nos manter como fiéis cordeiros e produtores do sistema.

Não é que os ricos sejam más pessoas, o que acontece é que são agentes do sistema a serviço dos poderosos, de forma que sua função não é a de nos educar, mas, sim, a de arregimentar clientes e consumidores. Por isso, pregam a doutrina que ensina a "estudar para conseguir um bom emprego" enquanto se mantêm os saldos de rendimentos em uma poupança.

Uma perspectiva mais ampla

Neste ponto, ressalve-se que não se está negando a conveniência de um emprego seguro nem os benefícios do hábito de poupar, mas apenas observando que esses princípios devem ser enfocados a partir de uma perspectiva mais ampla, já que podem constituir apenas a etapa inicial do desenvolvimento do nosso potencial de crescimento financeiro.

A questão é que a insuficiente instrução oferecida pelas escolas em matéria de dinheiro se desdobra em consequências determinantes de todo o curso da vida de cada um, já que sabota a preparação para a independência financeira e, ao contrário, condiciona-nos a nos mantermos do lado dos empregados – o lado pobre d**os quadrantes do fluxo de caixa**.

10

Os quadrantes do fluxo de caixa

Para melhor entender essa situação, convém lembrar que Robert Kiyosaki classifica as pessoas em quatro quadrantes financeiros: os quadrantes dos *empregados* e *autônomos* de um lado (E - A) e os quadrantes dos *donos de empresas* e *investidores* de outro (D - I).

Aliás, ao se falar de Educação Financeira, não se pode deixar de mencionar o primeiro livro desse autor, *Pai Rico, Pai Pobre*, considerado um divisor de águas na vida de inúmeras pessoas pelo mundo, base de boa parte do conhecimento disponível no mundo nessa área.

Como se viu, as orientações de Robert Kiyosaki se baseiam principalmente no que ele denomina "quadrantes do fluxo de caixa", segundo o qual, no mundo dos negócios, existem quatro tipos de pessoas:

empregados (E), autônomos (A), donos de negócios (D) e investidores (I). *(V. diagrama.)*

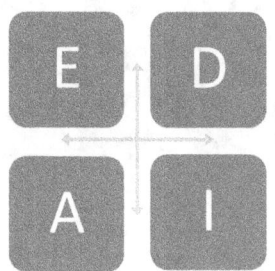

Cada indivíduo se encontra em pelo menos um desses quadrantes, conforme sua fonte de renda. Como é fácil deduzir, a maioria pertence ao quadrante "E", dos empregados, seguidos dos que estão no quadrante "A", que também obtêm dinheiro de sua força de trabalho, seu tempo.

Ambos não mantêm nenhum controle sobre os impostos que pagam e são totalmente dependentes das circunstâncias imediatas do mercado, de modo que jamais se tornarão independentes financeiramente, visto que sua renda provém unicamente do emprego de suas energias produtivas.

Do lado direito do diagrama, estão os proprietários de negócios e os investidores, que são os que exercem controle sobre seu trabalho e seu dinheiro e contam com a possibilidade de retorno financeiro ilimitado, já que sabem gerar receitas passivas e gozam de independência financeira.

Capacidades e debilidades

Nesse diagrama, as pessoas estão representadas conforme suas capacidades e debilidades, de forma que, se se examina cuidadosamente cada um dos quadrantes, podem-se identificar as habilidades e o temperamento fundamentais para se alcançar o necessário bom êxito financeiro.

Não é difícil perceber que a independência financeira se alcança por meio das atividades dos quadrantes direitos, mas o medo, dentre outros entraves emocionais, impedem as pessoas de migrarem para este lado do diagrama, de modo que precisam aprender a controlar as emoções.

Para tanto, requer-se o que já estamos começando a fazer aqui – Educação Financeira –, visto que é a maneira como cada um se porta em relação às emoções e ao dinheiro que vai determinar em que quadrante vão ser geradas as receitas necessárias ao bom desempenho econômico.

Controlar o fluxo de caixa

Ao controlar o fluxo de caixa, os ricos aprendem a fazer mais com menos, tornam-se cada vez mais ricos e obtêm sua independência financeira. Mas... como começar essa jornada em busca do dinheiro? Sem precipitação, metodicamente, planejadamente, passo a passo, é a maneira mais simples.

O primeiro passo, como já dissemos, é a Educação Financeira, que, na prática, inicia com a adoção dos procedimentos descritos nos capítulos 3, 4 e 5 deste livro, os quais devem se converter em hábito definitivo, ou seja, incorporar-se ao cotidiano, para se obter a mentalidade dos ricos.

Sem deixar abruptamente o trabalho atual, pode-se começar um negócio próprio paulatinamente, sem sobrecarregar-se, planejando e dosando as atividades, ao mesmo tempo em que se busca aprender com quem já conta com boa formação e aplica à sua vida uma boa Educação Financeira.

Cultivar o hábito da leitura

Ao mesmo tempo, é preciso desenvolver igualmente o hábito da leitura – e, enfatize-se, da releitura – de bons livros voltados para a Educação Financeira, como este, assim como o costume de frequentar palestras, cursos, seminários da área – e pôr em prática o que for aprendendo.

Nesse percurso, muito importante é a oportunidade de relacionar-se com pessoas que tenham a mentalidade de empresários e investidores, o que contribui com a mudança de paradigmas relacionados com o dinheiro, sem se esquecer de que é a Inteligência Financeira que nos faz ricos.

Já não é novidade que já não nos encontramos em uma sociedade meramente industrial e vivemos em plena Era da Informação, em que é cada vez mais evidente a cultura da comunicação, em que o saber é a nova moeda e a melhor ferramenta da Independência Financeira.

Portanto, mãos à obra – **rumo ao êxito!**

11

Rumo ao êxito

É certo que todos já sonharam com uma vida melhor, muitos continuam sonhando e outros, decepcionados, já não o fazem. No entanto, que mal há em sonhar? Como dizem os mestres da motivação, para se alcançar um objetivo, antes se deve defini-lo com bastante precisão mentalmente.

O entusiasmo que se produz quando se acredita em um sonho é essencial, já que é a motivação o combustível que nos impulsiona. É o hábito de sonhar, ou seja, visualizar nossas metas o que nos estimula a buscá-las. Mas sempre se nos deparam obstáculos, diante dos quais muitos desanimam.

Pés na terra, olhar no céu

Alguns argumentam, com razão, que é preciso manter os pés no chão. Claro, não se deve entregar-se a devaneios irrealizáveis. De qualquer forma, a prudência de manter os pés na terra não deve nos impedir de fixar o olhar no céu – e não perder de vista os objetivos que nos vão tornar realizados.

Ao se visualizar lucidamente o que se almeja, dá-se vida a um ideal, embora naturalmente se deva trabalhar por ele. Contudo, pior que sonhar e não executar nada é nem sequer sonhar, já que assim não se cultiva a motivação necessária para agir – e, se não se tem metas, aonde se pode chegar?

Ilustrar-se com as cores dos sonhos

Quando deixa de sonhar, resignando-se ao dia-a-dia, a pessoa se torna conformista e se limita a satisfazer as necessidades básicas, enquanto suas legítimas aspirações vão se desvanecendo no esquecimento – e perdem o vigor original que as ilustrava com as cores dos sonhos.

Essas pessoas se julgam realistas e práticas, não perdem tempo com fantasias infantis e aceitam as coisas como são. Por certo ângulo, até que têm alguma razão, mas essa atitude resulta em um estilo de vida marcado pela inércia, em que se tornam impossíveis as mudanças necessárias.

Entretanto, em primeiro lugar, sonhar não custa nada. Então, por que não adquirir esse hábito? O que se pode perder ao imaginar a vida que considera ideal? Sempre se tem algum tempo para repousar e combater o estresse – e a visualização de metas é modo de fazer isso a baixo custo.

Visualização da meta almejada

Se se é de fato tão realista e pragmático, deve-se entender que definir uma meta, adotar um método e colocá-lo em execução vai inevitavelmente render alguns frutos. Se a imaginação por si só não gera lucros e é preciso obviamente esforço e trabalho, a solução é muito simples: esforça-se e trabalha-se.

Enquanto isso, se aquilo que se deseja se pode conseguir, desde que se busque alcançá-lo com trabalho duro, por que não curtir todo esse processo com a visualização da meta almejada, ao mesmo tempo em que se alimenta a motivação para o empenho pelo bom êxito e a felicidade da vida desejada?

Conclusão

As palavras têm o estranho poder de fazer com que as pessoas fiquem ricas ou mantê-las pobres, ao hipnotizá-las e impedi-las de perceber diversos aspectos da realidade, visto que foram programadas para repetir frases feitas e, assim, sabotarem-se a si mesmas financeiramente.

Principalmente durante a fase educacional, tanto a família quanto a escola se empenham por transmitir às crianças e jovens orientações consideradas sábias (porque proporcionariam uma segurança que vem se revelando cada vez mais falsa), mas que em verdade apenas os sabotam.

O fato – lamentável – é que, assim como acontece em outras áreas fundamentais, os indivíduos sofrem uma continuada lavagem cerebral, exercida na maior parte das vezes inconscientemente, sobretudo pela escola, com o fim de mantê-los nos quadrantes dos empregados e autônomos.

Essas orientações são como fórmulas encantatórias plantadas no inconsciente das pessoas para condicioná-las à condição de meros consumidores que transferem o dinheiro duramente ganhado aos que se encontram do outro lado, nos quadrantes dos empresários e investidores.

Em termos mais práticos, isso quer dizer que as crianças e jovens são levados insistentemente a adquirir a formação que os prepare para o mercado de trabalho, ou seja, para conseguir um bom emprego, permanecendo entre os que ganham menos e pagam a maior proporção dos impostos.

Infelizmente, os pais e as escolas não ensinam as crianças e jovens a buscarem maneiras de passarem para o lado dos quadrantes dos empresários e investidores, os que auferem maior renda e pagam menos tributos, mas os preparam para viver apenas do seu trabalho.

Dessa forma, a única maneira de alcançar a independência financeira é reeducar-se a si mesmo, de modo a elevar o quociente intelectual (QI) financeiro, por meio do estudo dos métodos utilizados pelos que se encontram nos quadrantes dos empresários e investidores, livrando-se dos gastos desnecessários e dívidas.

Enfim, é preciso treinar para pensar como o fazem os empreendedores, os que obtêm as melhores rendas:

a) pagam proporcionalmente a menor parcela dos impostos;

b) acumulam ativos que multiplicam capital por meio de rendimentos passivos;

c) assumem o controle do tempo e da vida dos que não possuem Educação Financeira.

Enfim, mantêm-se decididamente em direção à abundância.

www.ingramcontent.com/pod-product-compliance
Lightning Source LLC
Chambersburg PA
CBHW070500220526
45466CB00004B/1910